BEI GRIN MACHT SICH IHR WISSEN BEZAHLT

- Wir veröffentlichen Ihre Hausarbeit,
  Bachelor- und Masterarbeit

- Ihr eigenes eBook und Buch -
  weltweit in allen wichtigen Shops

- Verdienen Sie an jedem Verkauf

Jetzt bei www.GRIN.com hochladen
und kostenlos publizieren

Stella Griesmeier

Die Boheme als literatur- und geisteswissenschaftliches Phänomen dargestellt am Beispiel der ‚Schwabinger Boheme'

GRIN Verlag

Bibliografische Information der Deutschen Nationalbibliothek:

Die Deutsche Bibliothek verzeichnet diese Publikation in der Deutschen National-
bibliografie; detaillierte bibliografische Daten sind im Internet über http://dnb.d-
nb.de/ abrufbar.

Impressum:

Copyright © 2011 GRIN Verlag GmbH
Druck und Bindung: Books on Demand GmbH, Norderstedt Germany
ISBN: 978-3-640-88155-0

Dieses Buch bei GRIN:

http://www.grin.com/de/e-book/169601/die-boheme-als-literatur-und-geisteswis-
senschaftliches-phaenomen-dargestellt

GRIN - Your knowledge has value

Der GRIN Verlag publiziert seit 1998 wissenschaftliche Arbeiten von Studenten, Hochschullehrern und anderen Akademikern als eBook und gedrucktes Buch. Die Verlagswebsite www.grin.com ist die ideale Plattform zur Veröffentlichung von Hausarbeiten, Abschlussarbeiten, wissenschaftlichen Aufsätzen, Dissertationen und Fachbüchern.

Besuchen Sie uns im Internet:

http://www.grin.com/

http://www.facebook.com/grincom

http://www.twitter.com/grin_com

Die Boheme als literatur- und geisteswissenschaftliches Phänomen
dargestellt am Beispiel der ‚Schwabinger Boheme'

Seminararbeit
München als Ortschaft der Worte

Stella Griesmeier

Die Boheme wurde in der Kunstgeschichte unzählige Male beschrieben, idealisiert, besungen, in Verse gefasst, analysiert oder für lächerlich erklärt und ist auch heute noch ein viel besprochenes Thema. Henri Murger, der sich als wahrer Bohemien sah, meinte seinerzeit, dass „die Boheme nur in Paris existiert und nur dort möglich ist." [1] Das wirft die Frage auf, ob die Pariser Boheme wirklich einzigartig war. Um diese Frage beantworten zu können, wird zunächst der Begriff erläutert und dann die Boheme definiert.

Ziel dieser Arbeit ist es, anhand der Schwabinger Boheme herauszufinden, was genau das Phänomen der Boheme ausmacht und ob sich die Münchner Boheme wirklich von der Pariser unterscheidet.

Die Tagebücher des Oscar A. H. Schmitz, eines deutschen Autors, Philosophen und Mitglieds der Schwabinger Boheme, werden hierzu als Grundlage dienen. Der Schwerpunkt liegt auf den Auszügen des Tagebuches „Das wilde Leben der Boheme", das in den Jahren von 1896 bis 1906 entstand.

‚Bohémien' ist seit seinem ersten Auftreten im 15. Jahrhundert in Frankreich das Wort für Zigeuner. Ursprünglich hatte das Wort eine sehr negative Bedeutung, da geglaubt wurde, dass die „Wanderschaft ihnen als Buße auferlegt sei" [2], weshalb nicht nur ihr nomadenhaftes Umherziehen, sondern ihr ganzer Lebensstil als lasterhaft und verwerflich galt.

Auch heute werden heimatlose oder obdachlose Menschen oft Zigeuner genannt und ihre Lebensweise verachtet. Was Heimatlose und Obdachlose jedoch verbindet, ist gerade das, was den Begriff ‚Bohémien' wandelte, nämlich nicht sesshaft zu sein, sondern umherzuziehen. Denn in einer Gesellschaft, die eine gefestigte Familie und einen festen Wohnort erwartet, sind Zigeuner immer eine Randgruppe.

Da Kunst oft gesellschaftskritisch ist, stehen einige Künstler neben der Masse und blicken auf sie, anstatt teilzuhaben, und werden so auch zu einer Randgruppe, wodurch eine Parallele zwischen dem Künstler und dem Begriff ‚Bohémien' entsteht. „Angehörige der romantischen Generation von

---

[1] Henri Murger: Boheme, S.12

[2] Helmut Kreuzer: Die Boheme, S.1

1830 greifen den Begriff ‚Bohème' auf und assoziieren positiv bewertete Eigenschaften"[3] damit, da sie Werte wie Freiheit und Spontaneität schätzten. Ab dem 18. Jahrhundert an war das Wort häufig in diesem Sinne benutzt worden und hat sich so als Beschreibung eines bestimmten Künstlertypus etabliert.

Zu dieser Popularität hat auch der Roman „Boheme" von Henri Murger maßgeblich beigetragen. Er beschreibt die Pariser Boheme als „das Geschlecht der hartnäckigen Träumer, für die die Kunst ein Glaube geblieben ist"[4] und spricht selten von dem Elend, das mit diesem Zustand einhergeht. Murger sah die Boheme als ein Phänomen, das Paris eigen ist, und auch nur dort die nötigen Voraussetzungen hat, um zu entstehen.

Während der Begriff ‚Bohème' in Frankreich also in Gebrauch war, dauerte es etwas länger, bis er in das deutsche Vokabular aufgenommen wurde. Ab den sechziger Jahren des 19. Jahrhunderts gebrauchten „Romane und Reportagen die Fremdwörter Bohème, Bohémien, auch Bohémie, bezeichnenderweise aber noch mit erklärenden Floskeln"[5] und machten die Begriffe so geläufig.

Da „zusammenfassende Bezeichnungen, wie Boheme, Anarchismus, Nihilismus sich jeder formelhaften Definition entziehen"[6], herrscht Unklarheit darüber, was mit Boheme im engeren Sinne gemeint ist. Um Klarheit zu schaffen, ist es hilfreich, die Voraussetzungen, die der Boheme zugrunde liegen, zu kennen.

Der Bohemebegriff beschreibt Künstler mit abweichenden Lebensformen und ihr Milieu. Es wird davon ausgegangen, dass „abweichendes Verhalten von Individuen jeweils von einem gegebenen sozialen System konditioniert"[7] ist. Also muss eine bestimmte Gesellschaft vorhanden sein, um davon abzuweichen und so die Boheme zu kreieren. Das Vorhandensein eines Marktes für Literatur und Kunst ist essentiell, da sich nur so dem Bohemien eine Möglichkeit eröffnet, ein freier Künstler zu sein. Die Entwicklung zu einem

---

[3] Anne-Rose Meyer: Jenseits der Norm, Aspekte der Bohèmedartellung in der französischen und deutschen Literatur 1830 -1910, S. 26

[4] Henri Murger: Boheme, S. 13

[5] Helmut Kreuzer: Die Boheme, S. 11

[6] Gustav Landauer: Sein Lebensgang in Briefen. Unter Mitwirkung von Ina Britschgi-Schimmer, S. 126

[7] Helmut Kreuzer: Die Boheme, S. 42

freien Markt war nur möglich dank Erfindungen wie dem Buchdruck, der den Massen den Zugang zur Literatur öffnete, wodurch freie künstlerische Arbeit erleichtert wurde. Daraus lässt sich schließen, dass die „Ablösung der ‚mittelalterlichen' Wirtschaftsformen durch ‚neuzeitlich'-kapitalistische"[8] notwendig für die Entstehung der Boheme war.

Auch zur Zeit der Renaissance wurde Kunst sehr hoch geschätzt. Doch hatte man ein anderes Bild von einem Künstler und er spielte eine andere Rolle in der Gesellschaft. Künstler wurden von reichen Familien und Adeligen gefördert und schufen so Meisterwerke[9], doch konnten sie nicht voll über den Inhalt ihrer Kunst entscheiden, da sie von ihren Auftraggebern abhängig waren, wodurch es ihnen an Selbstbestimmung mangelte. Erst nachdem es zu einer Massennachfrage nach Kunst gekommen war, konnte sich der Künstler aus dieser Abhängigkeit lösen und Selbstbestimmung erlangen. So kam es für das Künstler-Ich zu einer Emanzipation „von der Kontrolle durch Geschmacksträger außerhalb der künstlerisch-intellektuellen Welt."[10] Die Kombination aus einer sich liberalisierenden Gesellschaft, dem wachsenden Kulturmarkt und dem emanzipierten Künstler bot den Nährboden, der für das Gedeihen der Boheme notwendig ist.

Bei den gegebenen Voraussetzungen erweist sich der ‚Juste-Milieu-Hass' als bester Antrieb für die Boheme. „Juste-Milieu" bedeutet die „richtige Mitte" oder auch das „Beibehalten des Mittelmaßes", was in der Gesellschaft erwünscht, aber in der Boheme strikt abgelehnt wird. Dieses als gesund empfundene Mittelmaß ist ein Antrieb, da es immer wieder zur Zielscheibe „sozialkritischer Attacken der Boheme"[11] wird und so eine unerschöpfliche Quelle der Inspiration bildet. Durch die Ablehnung des Mittelmaßes durch die Boheme kommt es zu einer Verlagerung zu Extremen, welche den Lebensstil bestimmt. Diese Anschauung tritt auch im Umgang mit Geld zu Tage, da der Bohemien „nie in mittelmäßigen Verhältnissen leben", sondern „entweder reich oder ganz arm" sein will. Wenn ein Vermögen erlangt wird, wird dieses in der Regel sofort verprasst, „um einmal alles zu genießen und dann als Bohémien weiter zu

---

[8] Helmut Kreuzer: Die Boheme, S. 43

[9] Vgl. Robert Cumming: Kunst. Kompakt & Visuell. Malerei. Bildhauerei. Künstler. Stile. Genres.

[10] Helmut Kreuzer: Die Boheme, S. 45

[11] Helmut Kreuzer: Die Boheme, S. 46

leben."[12] Dieser Hang zu Verzicht und Verschwendung prägt die Boheme, wodurch eine praktische Spontaneität erlangt wird, die sich den „„philiströsen' Konventionen und ‚bourgeoisen' Werten der Gesellschaft"[13] entgegensetzt. Bedenkenlosigkeit ersetzt Vorausplanung, Leichtsinn die Befangenheit, Rauschsucht den Alltag. Dem Alltag der Bürgerschicht setzt die Boheme ihre Abenteuerlust entgegen, die in der Sprunghaftigkeit von Arbeit zu Arbeit und dem Wechseln von Wohnort zu Wohnort sichtbar wird, und die Unruhe des Künstler-Daseins beleuchtet.

Auch in der Kunst werden Konventionen verachtet, da sich der emanzipierte Künstler nicht den akademischen Vorschriften unterwerfen, sondern seine Individualität auskosten will. Folglich „hat die Boheme einen großen Anteil an der internationalen Vielzahl neuer, z.T. provokatorischer Stilrichtungen seit der Romantik"[14], wodurch sie zu einem wichtigen Teil der Kunstgeschichte wird. Jedoch beeinflusst die Boheme den Lauf der Geschichte nicht nur, sondern wird auch stark von äußeren Strömungen gelenkt, am folgenreichsten von politischen, die meist der Grund ihres Endes sind.

In München beendete der aufkommende Nationalsozialismus die Boheme abrupt, da es für sie unmöglich wurde, weiter zu existieren. Zwar gab es Künstler wie Kurt Schwitters, die, von der umgreifenden, jedoch erfolglosen, Aktivität inspiriert, meinten, „Menschen selbst können auch aktiv auftreten"[15] und Teil von sogenannten ‚Happenings' werden. Allgemein gesehen, erstickte jedoch schon die Vorkriegszeit die Boheme allmählich. Die „Einberufungen zum Militär dezimierten die Boheme, Emigrantengruppen splitterten ab"[16], wodurch der Gemeinschaftswille geschwächt wurde. Auch unterschiedliche politische Ansichten schufen Distanz zwischen den Künstlern. Wie vorher erwähnt, gibt es in der Boheme eine Neigung zu Extremen, weswegen radikale Parteien eine Anziehungskraft auf die Bohemiens ausüben, sofern sie sich politisch engagieren. In Deutschland hatten viele Menschen eine leichte bis starke antisemitische Grundneigung, welche auch in der Schwabinger Boheme zu

---

[12] Oscar A. H. Schmitz: Das wilde Leben der Boheme, Tagebücher 1896 - 1906, S. 88

[13] Helmut Kreuzer: Die Boheme, S. 49

[14] Helmut Kreuzer: Die Boheme, S. 51

[15] Kurt Schwitters in seinen Forderungen zur Merzbühne, Eine Dokumentation, S. 342

[16] Helmut Kreuzer: Die Boheme, S. 56

erkennen ist. Diese Neigung wird in einem leicht ausgeprägten Maß auch bei Oscar A. H. Schmitz sichtbar, der sich über drei seiner Bekannten dahingehend äußert, dass sie „seltsamerweise alle semitisches Blut in sich haben"[17] oder, dass jemand ein „widerlicher kleiner Jude"[18] sei.

„Alles geht von Schwabing fort, was etwas taugt."[19], beklagt sich Schmitz 1907 sehr vorausschauend, da bald die Mehrheit der Künstler aus München verschwunden sein sollte. Doch nicht alle Bohemiens emigrierten, manche fanden keinen Fluchtweg oder gaben sich der Illusion hin, dass das nationalsozialistische Regime nicht von Dauer sei. So auch John Höxter, ein jüdischer Künstler, für den die Cafés jahrelang ein zweites Zuhause waren. Als Juden das Betreten öffentlicher Lokale 1933 verboten wurde, traf es den Bohemien so hart, dass er nach Grünwald fuhr, Gift nahm und sich erhängte.[20] Im gleichen Jahr „setzte ein ‚Massen-Exodus' deutscher Autoren und Künstler ein"[21], um der Unterdrückung durch die nationalsozialistische Regierung zu entfliehen.

„Nach der Machtergreifung Hitlers schwanden die sozialen Voraussetzungen einer Boheme"[22] komplett, da das neue Regime den Individualismus unterdrückte und die freie künstlerische Arbeit unmöglich machte.

Nachdem also der Schwabinger Boheme während der Weimarer Republik ihre Voraussetzungen genommen und ihre Mitglieder dezimiert worden waren, nahm sie schließlich mit dem Kriegsbeginn 1939 ein völliges Ende.

„Nach dem Krieg fehlte in Deutschland die soziale Basis für einen Antagonismus von Boheme und Gesellschaft"[23], weshalb es in München auch nicht mehr zu einem Wiederaufleben der Boheme kam.

Die folgenden Abschnitte beschreiben die idealtypischen Einstellungen und Verhaltensweisen der Boheme - und damit einhergehend auch des Bürgers - in ausgewählten Aspekten.

---

[17] Oscar A. H. Schmitz: Das wilde Leben der Boheme, Tagebücher 1896 - 1906, S. 33

[18] Oscar A. H. Schmitz: Das wilde Leben der Boheme, Tagebücher 1896 - 1906 S. 316

[19] Oscar A. H. Schmitz: Ein Dandy auf Reisen, Tagebücher 1907 - 1912, S. 26

[20] Vgl. Günther: Drehbühne der Zeit

[21] Klaus Mann: Der Wendepunkt, S. 310

[22] Helmut Kreuzer: Die Boheme, S. 58

[23] Helmut Kreuzer: Die Boheme, S. 59

„Der Berufssoldat, der Feudale, der Proletarier, der Künstler - jeder meint etwas anderes, wenn er, in einmütiger Verachtung, von dem ‚Bürger' redet."[24] Die Bürgerschicht ist in den meisten Gesellschaften das Mittelmaß, wodurch sich wieder der Hang zu Extremen zeigt, wenn sich die Boheme so weit wie möglich von ihr distanzieren will. Diese klare Distanzierung vom Bürger wird auch bei Schmitz deutlich, als eine Verwandte erwägt, einen bürgerlichen Mann zu heiraten. Schmitz meint, durch diese Heirat „wäre sie wohl für mich verloren. Sie käme in ein Alltagsmilieu, für welches mir das Verständnis fehlt."[25] Charakterisierend für das Bürgerliche aus der Sicht der Boheme ist eine „positive Einstellung zum gegebenen sozialen System, seinen zentralen Werten und Regeln"[26] und somit eine an die Gesellschaft angepasste Lebensweise. Das Stereotyp des Bürgers stützt sich auf die „elementaren Grundlagen" des „alltäglichen praktischen Lebens", die von der Boheme auch als „bürgerliche[n] Werte"[27] beschrieben werden. Diese Werte sind Ordnung, Sparsamkeit, Familie, Gemeinschaft und ein hohes Arbeitsethos. Geht man nun von diesen bürgerlichen Werten aus und wendet sich jeweils so fern wie möglich von ihnen ab, so ergibt sich das Stereotyp des Bohemiens. Dieses Stereotyp beschreibt einen chaotischen Künstler, der entweder im Verzicht oder im Überfluss lebt. Auf die Institution der Kirche und somit auch auf die traditionelle Ehe wird herabgesehen. Der Bohemien hat Liebesbeziehungen, doch gründet er keine sesshafte Familie, wodurch er sich noch ein weiteres Stück vom gemeinschaftlichen Leben distanziert. Eine geregelte Anstellung ist undenkbar, stattdessen arbeitet der Bohemien nach seinem Belieben, und auch nur das, was er als seine Berufung sieht.

Oscar A. H. Schmitz gilt als wahrer Bohemien, der nicht nur Teil der Schwabinger Boheme war, sondern sie auch beeinflusst hat. Ob er Henri Murgers und der allgemeinen Definition eines Bohemiens entspricht, kann anhand seines Lebenslaufes beantwortet werden.

Oscar Schmitz wurde am 16. April 1873 in Bad Homburg vor der Höhe geboren, wo er mit seinen drei Geschwistern in behüteten Verhältnissen

---

[24] René Prévot: Bohème, S. 8

[25] Oscar A. H. Schmitz: Das wilde Leben der Boheme, Tagebücher 1896 - 1906, S. 48

[26] Helmut Kreuzer: Die Boheme, S. 142

[27] Otto F. Bollnow: Wesen und Wandel der Tugenden, S. 31

aufwuchs. Sein Vater hatte für ihn ein Studium und einen akademischen Abschluss vorgesehen, damit Schmitz, seinem Vorbild entsprechend, einen „bürgerlichen Beruf ergreifen und Karriere machen"[28] könne. Nachdem er 1892 sein Abitur bestanden hatte, trieb es ihn in die Großstadt und er begann, dem Wunsch seines Vaters gehorchend, Rechtswissenschaft zu studieren. Er studierte wechselnd in Leipzig, Berlin und München; doch es war München, das ihn am meisten fesselte. Nur dort sah er nämlich eine Möglichkeit, seinen Traum „eines freien, glühenden Weltlebens" zu verwirklichen. Er schrieb „schon während des Studiums Gedichte"[29], wodurch sich ihm nach und nach seine eigentliche Leidenschaft offenbarte.

1894 erkannte er, dass ihm die Rechtswissenschaft nicht lag, und er wechselte zu dem Fach Nationalökonomie und schließlich zur Kunstgeschichte und Germanistik. Ein Jahr später starb plötzlich sein Vater und mit seinem Verlust gingen auch die Zwänge, einen bürgerlichen Beruf zu ergreifen, verloren. Diese neugewonnene Freiheit gebrauchte er, um sein Studium abzubrechen und sich seiner Passion zu widmen. Der Entschluss, einer Dichterkarriere nachzugehen, wurde durch seine ersten Publikationen 1896 in den „Blättern für die Kunst" bestärkt, da sein Name nun neben dem von Stefan George stand. Nach dem Tod seiner Mutter 1897 wurde er ruhelos und hielt sich längere Zeit in Paris auf. Diese Ruhelosigkeit dominierte sein Leben, da er, von ihr getrieben, in die verschiedensten Länder wie Italien, Spanien, Marokko und Ägypten kam. Nachdem er 1897 mit Stefan George bekannt gemacht worden war, faszinierte ihn die Disziplin und die Kreativität des George-Kreises.

Um 1900 war der Hochpunkt der Schwabinger Boheme, die, erfüllt von Visionen und Experimenten, ideal für Schmitz war. Hier konnte er den Rest seiner lähmenden Bürgerlichkeit abschütteln und seinen künstlerischen Trieben völlig nachgehen. Seine Zeit füllte er mit dichterischem Arbeiten und Aufenthalten in Münchner Cafés an, die durch das Zusammentreffen von Künstlern und Literaten zu einem Sammelbecken von Ideen und Projekten wurden. München und die Abenteuer, die er dort erlebte, boten Schmitz die Inspiration, die seine ersten Novellen und Prosadichtungen beflügelte. In seinen Tagebüchern werden auch negativere Aspekte seines Lebens

---

[28] Oscar A. H. Schmitz: Das wilde Leben der Boheme, Tagebücher 1896 - 1906, S. 344

[29] Oscar A. H. Schmitz: Das wilde Leben der Boheme, Tagebücher 1896 - 1906, S. 345

angesprochen: sein Umgang im Prostituiertenmilieu und seine „krankhafte seelische Veranlagung", die sich in „Angst- & Depressionszuständen, in jähen Stimmungsschwankungen, in krankhafter gemütlicher Erregbarkeit"[30] äußerte und ihn später in tiefe Depressionen stürzte. Diese Krankheit und seine Angst vor der fortschreitenden Emanzipierung der Frau und der Juden, auf die man in seinen Aufzeichnungen immer wieder stößt, verstärkten seine natürliche Unruhe. Von Ruhelosigkeit getrieben, entwickelte er eine außerordentliche Produktivität, die sich in zahlreichen Gedichten, phantastischen Novellen und Erzählungen äußerte. Seine phantastischen Erzählungen „Haschisch", die 1902 erschienen, waren ein Beleg für seine von der Boheme geprägten Entwicklung als Künstler und seine vollendete Abstoßung vom Bürgertum. Mit „Haschisch" brach er Konventionen und thematisierte Tabuthemen, wie Nekrophilie und Kannibalismus, wodurch er einen literarischen Meilenstein setzte und die deutsche, phantastische Literatur maßgeblich beeinflusste.

Zwei Jahre nachdem er seine dritte Ehe eingegangen war, starb Oscar Schmitz 1931 in Frankfurt und hinterließ zahlreiche literarische Arbeiten, die es auch noch heute wert sind, reanimiert zu werden. Er lebte jenseits der Norm und erfüllte alle Kriterien, die Murger an einen Künstler der Boheme stellt, weshalb sich sagen lässt, dass Schmitz ein wahrer Bohemien war.

„Die meisten Bohemiens fühlen sich und gelten als Glieder eines oder mehrerer ‚Kreise'"[31], die für gewöhnlich durch gemeinsame Interessen und Gesinnungen entstehen. Henri Murger schildert in seinem Roman „Boheme" das Leben des wohl bekanntesten Bohemezirkels, bestehend aus einem Philosophen, einem Maler, einem Musiker und einem Poeten. Als informelle Gemeinschaft von Lebenskünstlern leben sie in den Tag hinein, wobei Murger seine Protagonisten bisweilen parodistisch darstellt.[32]

Wie in jeder Boheme, gab es auch in München zahlreiche informelle und formelle Kreise. 1896 waren es zwei solche Kreise, die Schmitzes Leben beeinflussten. Diese Kreise waren informelle Bünde aus intimen Bekannten, bei denen er „die Vereinigung der künstlerischen Instinkte mit der starken Intellektualität am vollkommensten" fand. Besonders verbunden fühlte Schmitz

---

[30] Oscar A. H. Schmitz: Durch das Land der Dämonen, Tagebücher 1912 - 1918, S. 173

[31] Helmut Kreuzer: Die Boheme, S. 170

[32] Vgl. hierzu Volker Klotz: Die erzählte Stadt., S. 134 ff.

sich seinen Freunden Philips und Gutmann, da sie sich zusammen von „jener Masse dummer Genies oder lebloser Verstandesnaturen"[33] abgrenzen konnten. Für den Künstler in der Boheme entsteht gezwungenermaßen ein Konflikt, da er, um nicht des Hungertods zu sterben, etwas verkaufen muss, jedoch gleichzeitig aus Überzeugung nicht gewillt ist, sich nach den Wünschen der Kundschaft oder des Publikums zu richten.

Dies führt meistens zu einem literarischen Doppelleben, bei dem der Künstler versucht, möglichst seiner Leidenschaft nachzugehen, aber sobald seine finanzielle Lage es verlangt, auch Aufträge annimmt.[34] Dieser Kompromiss wird in der Boheme oft kritisiert, da viele Künstler der Ansicht waren, dass die längere Verrichtung solcher Aufträge negative Einflüsse habe. Befürchtet wurde, dass man „selbst die Kunst aus der Perspektive des Publikums" sehe und sich „unter die Moral und Anschauung der Bestseller"[35] stellt.

Die Boheme lehnt sich gegen alles Bürgerliche auf, doch gleichzeitig macht die Bürgerschicht den Großteil ihrer Abnehmer aus. Daraus entsteht der Gedanke, dass ein erfolgreicher Verkauf „Verrat" ist, wodurch der Misserfolg nicht nur freiwillig geschieht, sondern zum eigentlichen Ziel erhoben wird.[36] Der Erfolg wird in der Boheme skeptisch gesehen, da es das Werk des Künstlers zu einer massentauglichen Ware degradiert. Dieser Skeptizismus tritt auch in der Schwabinger Boheme auf: so ist Schmitz der Meinung, dass „zur hohen Kultur nur eine Klasse fähig [sei], die nicht durch Erwerbsrücksichten geleitet wird"[37].

In der Boheme gibt es aber nicht nur Künstler, die sich den Herausforderungen des Doppellebens stellen, sondern auch andere, die diesen „Verrat" verweigern. Ein Exempel dafür ist der Kreis der „Wassertrinker", zu dem Murger gehörte. Bei diesem Bohemekreis führte die Armut so weit, dass sie, wie der Name vermuten lässt, nur noch Wasser trinken. Dieser Verzicht wurde in zahlreichen Werken, so auch in Murgers Roman „Boheme", idealisiert. Die Armut wird nicht als Elend dargestellt, sondern zu einem Aufbäumen gegen die

---

[33] Oscar A. H. Schmitz: Das wilde Leben der Boheme, Tagebücher 1896 - 1906, S. 9

[34] Vgl. Helmut Kreuzer: Die Boheme, S. 247 ff.

[35] Berg: Gefesselte Kunst, S. 34 - 35

[36] Vgl. Helmut Kreuzer: Die Boheme, S. 244

[37] Oscar A. H. Schmitz: Das wilde Leben der Boheme, Tagebücher 1896 - 1906, S. 146

Gesellschaft romantisiert.[38] Mit der Zeit erkannten die meisten Bohemiens die Notwendigkeit einer ‚bürgerlichen' oder nichtkünstlerischen Arbeit jedoch an. Im 19. und 20. Jahrhundert schritt die Urbanisierung voran und bot der Boheme eine Möglichkeit zur gleichzeitigen Entfaltung. Eine Großstadt ist für die Boheme existenziell, da nur sie die nötigen Ateliers, Cafés, Unterkünfte und Geschäfte bieten kann, die zu ihrer Entstehung notwendig sind. Diese Reize sammeln sich meist in Vierteln wie Montmartre oder Schwabing, die so ein Sammelbecken für die Künstler bilden. Die Großstadt ist also eine Grundlage der Boheme und doch haben die meisten Bohemiens ein ambivalentes Verhältnis zu ihr.

Diese Einstellung lässt sich wiederum in zwei Extreme, nämlich in den Großstadtenthusiasmus und den Großstadthass, teilen. Teilweise wird die Stadt als Reichtum von Impressionen beschrieben, der zu einer ‚Steigerung des Nervenlebens' beiträgt.[39] Auch in Schwabing konnte man sich so „von dem regen geistigen Treiben Münchens" [40] leiten und immer wieder neu inspirieren lassen. Dieses rege Treiben kann aber wiederum auch ins Negative umschlagen und zu einer Reizüberflutung führen. Viele Menschen auf engem Raum, die täglich ihrer zur Existenz notwendigen Arbeit nachgehen, führen zu einer ununterbrochenen Hektik. Um dies zu umgehen, wechselt der Bohemien oft „zwischen großstädtischer und sporadisch ländlicher oder vagierend-romantischer Existenz."[41] Ländliche Ruhe fanden Bohemiens in nahegelegenen Orten wie zum Beispiel Mannheim oder in exotischeren Zielen wie Troodos.[42]

Die meisten Bohemiens verbrachten den Großteil ihrer Zeit in Städten, in denen wiederum das künstlerische Leben auf bestimmte Viertel konzentriert war. So wie sich die Boheme in Paris auf Montmartre konzentrierte, lag der Fokus in München auf Schwabing. Es war ein Auffangbecken für Künstler und Denker, eine „romantische Sammelstätte verstiegener Phantasten, satanischer Umstürzler, größenwahnsinniger Weltverbesserer, löwenmähniger, verkannter

---

[38] Vgl. Helmut Kreuzer: Die Boheme, S. 253 ff.

[39] Helmut Kreuzer: Die Boheme, S. 216 ff.

[40] Oscar A. H. Schmitz: Das wilde Leben der Boheme, Tagebücher 1896 - 1906, S. 8

[41] Helmut Kreuzer: Die Boheme, S. 222

[42] Vgl. Oscar A. H. Schmitz: Ein Dandy auf Reisen, Tagebücher 1907 - 1912

Genies'."[43] In Schwabing grenzte man sich klar von den herkömmlichen Konventionen der Kunst und der Gesellschaft ab.

Künstlerische Konventionen wurden mit Erzählungen wie „Haschisch" von Schmitz geweitet, gesellschaftliche durch Frauen wie die Gräfin zu Reventlow. Sie war die „Personifikation von ganz Schwabing, im Negativen wie im Positiven"[44], da sie sich weigerte, sich dem gesellschaftlichen Druck zu beugen und sich dem damals herrschenden Frauenbild unterzuordnen.

Das Bohemeviertel Münchens lässt sich am besten mit Reventlows Worten beschreiben: „Schwabing ist kein Ort, sondern ein Zustand."

So ideal und wahrheitsgetreu Murgers Darstellung der Boheme sein mag, in dem Punkt, dass die Pariser Boheme einzigartig ist, kann man ihm bewiesenermaßen widersprechen. Bohemiens lassen sich nicht wie ein Land durch lokale Grenzen oder Luftlinien einschränken und sind auch nicht an ein kurzes Zeitfenster in der Geschichte gebunden.

Die Boheme ist viel mehr - sie ist ein Gedankengebäude, das Länder und Jahrhunderte übergreifen kann.

---

[43] Gerd Stein: Bohemien - Tramp - Sponti, Boheme und Alternativkultur, S. 95

[44] Gerd Stein: Bohemien - Tramp - Sponti, Boheme und Alternativkultur, S.98

Bibliographie

Anne-Rose Meyer: Jenseits der Norm, Aspekte der Bohèmedartellung in
            der französischen und deutschen Literatur 1830 -1910.
            Bielefeld 2001

Gerd Stein: Bohemien - Tramp - Sponti, Boheme und Alternativkultur.
            Kultfiguren und Sozialcharaktere des 19. und 20. Jahrhunderts.
            Frankfurt am Main 1982

Gustav Landauer: Sein Lebensgang in Briefen. Unter Mitwirkung von Ina
            Britschgi - Schimmer. Frankfurt am Main 1929

Happenings. Fluxus. Pop Art. Nouveau Réalisme. Eine Dokumentation,
            hrsg. v. Jürgen Becker u. Wolf Vostell. Reinbek b. Hamburg 1965

Helmut Kreuzer: Die Boheme, Beiträge zu ihrer Beschreibung.
            Stuttgart 1968

Henri Murger: Bohème. Gütersloh 1960

Herbert Günther: Drehbühne der Zeit. Freundschaften, Begegnungen,
            Schicksale. Hamburg 1957

Klaus Mann: Der Wendepunkt. Ein Lebensbericht. Frankfurt am Main 1952

Leo Berg: Gefesselte Kunst. Berlin 1901

Oscar A. H. Schmitz: Das wilde Leben der Boheme, Tagebücher 1896 -
            1906. Berlin 2006

Oscar A. H. Schmitz: Ein Dandy auf Reisen, Tagebücher 1907 - 1912.
            Berlin 2007

Oscar A. H. Schmitz: Durch das Land der Dämonen, Tagebücher 1912 -
            1918. Berlin 2007

Otto F. Bollnow: Wesen und Wandel der Tugenden. Frankfurt am Main
            1958

René Prévot: Bohème. München 1922

Robert Cumming: Kunst. Kompakt & Visuell. Malerei. Bildhauerei. Künstler.
            Stile. Genres. München 2006

Volker Klotz: Die erzählte Stadt. München 1969